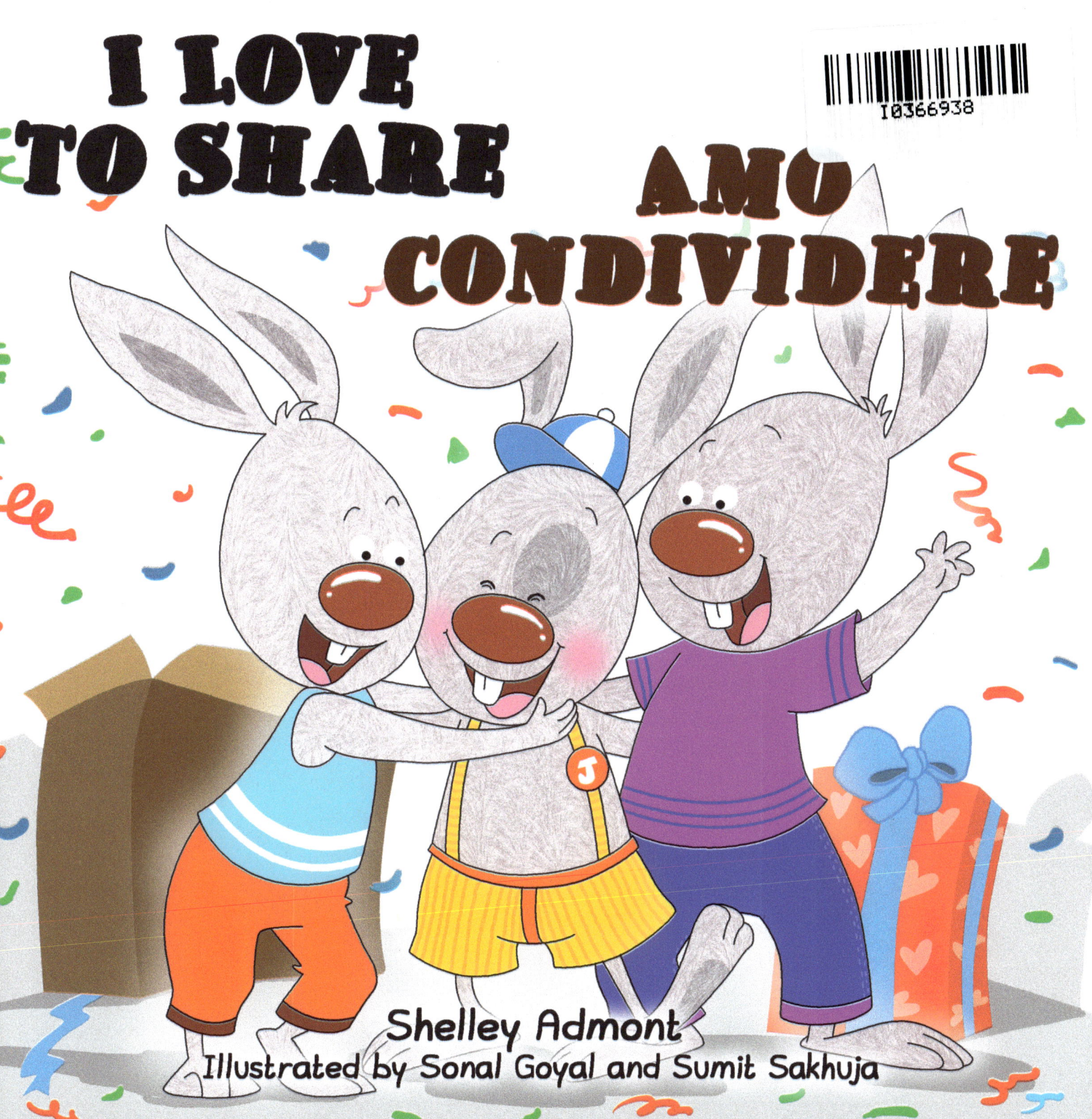

**www.kidkiddos.com**
Copyright©2015 by S.A.Publishing ©2017 by KidKiddos Books Ltd.
support@kidkiddos.com

All rights reserved. No part of this book may be reproduced in any form or by any electronic or mechanical means, including information storage and retrieval systems, without written permission from the publisher or author, except in the case of a reviewer, who may quote brief passages embodied in critical articles or in a review.

*Tutti i diritti sono riservati. Nessuna parte di questa pubblicazione può essere riprodotta, memorizzata in sistemi di recupero o trasmessa in qualsiasi forma o attraverso qualsiasi mezzo elettronico, meccanico, mediante fotocopiatura, registrazione o altro, senza l'autorizzazione del possessore del copyright.*
Second edition, 2019

Translated from English by Annalisa Langone
*Traduzione dall'inglese a cura di Annalisa Langone*

**Library and Archives Canada Cataloguing in Publication**
I Love to Share (Italian Bilingual Edition)/ Shelley Admont
ISBN: 978-1-5259-1638-0 paperback
ISBN: 978-1-77268-495-7 hardcover
ISBN: 978-1-77268-062-1 eBook

Please note that the Italian and English versions of the story have been written to be as close as possible. However, in some cases they differ in order to accommodate nuances and fluidity of each language.

*For those I love the most–S.A.*
*Per quelli che amo di più–S.A.*

"Look at how many new toys I have," said Jimmy the little bunny, looking around the room.

*"Guarda quanti giocattoli nuovi ho", disse Jimmy, il piccolo coniglietto, guardando in giro per la stanza.*

His birthday party was over and the room was full of presents.

*La sua festa di compleanno era finita e la stanza era piena di regali.*

"Oh, your birthday party was so fun, Jimmy," his middle brother said.

*"Oh, Jimmy, la tua festa di compleanno è stata così divertente", disse il suo fratellino più grande.*

"Let's play," said his oldest brother. He took the largest box. "There's a huge train inside!"

*"Giochiamo", aggiunse il fratello maggiore. Prese la scatola più grande e disse: "C'è un treno enorme qui dentro!"*

Suddenly, Jimmy jumped to his feet and grabbed the box. "Don't touch it! It's my train!" he cried. "All these presents are **MINE!**"

*Improvvisamente, Jimmy saltò in piedi e afferrò la scatola. "Non toccarla! È il mio treno!", scoppiò a piangere. "Tutti questi regali sono **MIEI!**"*

"But, Jimmy," said the oldest brother, "we always play together. What happened to you today?"

*"Ma, Jimmy", disse il fratello maggiore, "Giochiamo sempre insieme. Cosa ti è successo oggi?"*

"Today is MY birthday. And these are MY toys," Jimmy screamed.

*"Oggi è il MIO compleanno e questi sono i MIEI giocattoli", urlò Jimmy.*

The oldest brother glanced out the window. "We better go play basketball," he said. "It's nice and sunny today."

"Sarà meglio andare a giocare a pallacanestro", disse il fratello maggiore. Diede un'occhiata fuori dalla finestra. "Oggi il tempo è bello e soleggiato".

The two bunny brothers took a ball and went outside. Jimmy stayed in the room on his own.

*I due fratellini coniglietto presero una palla e uscirono fuori. Jimmy rimase da solo nella sua stanza.*

"Yeah!" he exclaimed. "Now all the toys are for me!"

*"Sì!", esclamò. "Ora tutti i giocattoli sono per me! Posso fare tutto quello che voglio!".*

He took a large box and opened it happily. Inside he found a rail trail and a new colorful train. He just needed to put the rail trail together.

*Prese una scatola grande e l'aprì felicemente. All'interno trovò una pista e un nuovo trenino colorato. Doveva solo unire i pezzi del binario.*

"Oh, these pieces are too small!" he said, holding the rail trail parts. "How should I connect them together?"

*"Oh, questi pezzi sono troppo piccoli!", disse tenendoli in mano. "Come posso unirli?".*

Somehow he built the rail line, but it came out crooked. When he finally turned on his new colorful train, it got stuck on the track.

*In qualche modo costruì la pista ma era storta. Quando finalmente riuscì a metterci sopra il suo nuovo trenino colorato, quest'ultimo si bloccò sul binario.*

Jimmy looked around and spotted another box.

*Jimmy si guardò intorno e vide un'altra scatola.*

"No worries. I have more new toys," he said and took another present. Inside there were superhero toys.

*"Non c'è problema. Ho altri giocattoli nuovi", disse e prese un altro regalo. Dentro c'erano dei supereroi giocattolo.*

"Wow!" exclaimed Jimmy. He started to run around the room with new superhero toys in his hands.

*"Wow!", esclamò Jimmy. Iniziò a correre per tutta la stanza con i suoi nuovi supereroi giocattolo nelle mani.*

Soon he became tired and bored. He tried everything. He played with his favorite teddy bear and he even opened all his presents, but it was not fun at all.

*Presto si stancò e si annoiò. Aveva provato tutto. Aveva giocato con il suo orsacchiotto preferito e aveva anche aperto tutti i suoi regali, ma non era stato affatto divertente.*

Jimmy watched through the window and saw his brothers playing cheerfully with their basketball. The sun was shining brightly, and they were laughing and enjoying themselves.

*Jimmy guardò attraverso la finestra e vide i suoi fratelli mentre giocavano felicemente con il loro pallone da pallacanestro. Il sole splendeva e loro ridevano e si divertivano.*

"How are they having so much fun? They only have one basketball!" said Jimmy. "All the other toys are here with me."

*"Come fanno a divertirsi così tanto? Hanno solo un pallone da pallacanestro!", disse Jimmy. "Tutti gli altri giocattoli sono qui con me".*

Then he heard a strange voice.

*A quel punto udì una strana voce.*

"They SHARE," it said.

*"Loro CONDIVIDONO", disse.*

Jimmy looked around the room, staring at his bed where his teddy bear sat. The voice came from *there*.

*Jimmy guardò in giro nella stanza fissando il suo orsacchiotto sul letto. La voce veniva da lì.*

"What?" he whispered.
*"Cosa?", sussurrò.*

"They share," repeated his teddy bear with a smile.
*"Loro condividono", ripeté il suo orsacchiotto con un sorriso.*

Jimmy looked at him amazed. He never thought that sharing could be fun.
*Jimmy lo guardò stupito. Non avrebbe mai pensato che condividere potesse essere così divertente.*

Jimmy shook his head. "No…I don't like to share. I love my toys."
*Jimmy scosse la sua testa. "No… non mi piace condividere. Amo i miei giocattoli."*
Me encantan mis juguetes.

"Try it," insisted his teddy bear. "Just try it."

"Provaci", insistette il suo orsacchiotto. "Devi solo provare".

Meanwhile the weather changed. Dark clouds covered the sky and large raindrops started falling to the ground.

*Nel frattempo cambiò il tempo. Delle nuvole grigie coprirono il cielo e grandi goccioloni cominciarono a venire giù.*

Laughing, the two bunny brothers ran into the house.
*Ridendo, i due fratelli corsero dentro casa.*

"Oh, you're all wet," said Mom. "Go change your clothes and I'll make you hot chocolate."

*"Oh, siete tutti bagnati", disse la mamma. "Andiamo a cambiare i vestiti e vi preparo una cioccolata calda."*

"Come, Jimmy, do you want hot chocolate too?" she asked. Jimmy nodded.

*"Vieni, Jimmy, vuoi anche tu la cioccolata calda?", gli chiese. Jimmy fece un cenno con la testa.*

Mom opened the fridge to grab the milk. "Look, there's a small piece of your birthday cake left," she said.

*La mamma aprì il frigorifero per afferrare il latte. "Guarda, è rimasto un piccolo pezzo della tua torta di compleanno".*

Jimmy jumped to his feet. "Yeah, can I have it? It was so tasty!"

*Jimmy saltò sui suoi piedi e disse: "Sì, posso averlo? Era così buona!".*

At that moment, his brothers entered the kitchen.
*In quel momento i suoi fratelli entrarono in cucina.*

"Did you say cake?" asked the middle brother.
*"Hai detto torta?", chiese il fratello più grande.*

"I'd like a piece," added the oldest brother.
*"Ne vorrei un pezzo", aggiunse il fratello maggiore.*

Their father followed them. "Is this a…birthday cake?"

*Nel frattempo arrivò anche il papà. "Questa è… la torta di compleanno?"*

Mom smiled softly. "Ahh…there is actually a tiny little piece left. And there are five of us."

*La mamma sorrise delicatamente. "Ahh… a dire il vero è rimasto un pezzettino piccolissimo e siamo in cinque".*

Jimmy looked at his loving family and felt a warm feeling spread from his heart. He knew what he needed to do and it felt so good.

*Jimmy guardò la sua amorevole famigliola e sentì un senso di calore al suo cuore. Sapeva cosa fare ed era giusto così.*

"We can share," he said. "Let's cut it into five pieces."

*"Possiamo condividerlo", disse. "Taglialo in cinque pezzettini".*

All the members of the bunny family nodded their heads. Then they sat around the table and everyone enjoyed a piece of birthday cake and a hot chocolate.

*Tutti i membri della famiglia annuirono. Poi si misero seduti attorno al tavolo e si godettero tutti insieme un pezzettino di torta di compleanno e una cioccolata calda.*

Jimmy glanced at their smiling faces and thought, *Sharing can actually feel very nice after all.*

*Jimmy guardò i loro volti sorridenti e pensò: Dopotutto ci si sente davvero molto bene quando si condivide.*

When they finished, Mom came to Jimmy and gave him a huge hug. "Happy birthday, honey," she said.

*Quando finirono, la mamma andò da Jimmy, gli diede un grande abbraccio e disse "Buon compleanno, tesoro".*

The two older brothers and their dad gathered around them and shared the family hug.

*Anche i due fratelli più grandi e il padre gli andarono incontro e condivisero tutti insieme un abbraccio di famiglia.*

"Happy birthday, Jimmy," they screamed together.

*"Buon compleanno, Jimmy", urlarono tutti insieme.*

Jimmy smiled. "Do you want to play with my toys?" he asked his brothers. "I have a new train and new superheroes."

*Jimmy sorrise. "Volete giocare con i miei giocattoli?", chiese ai suoi fratelli. "Ho un trenino nuovo e dei nuovi supereroi".*

"Yeah! Let's play!" shouted the bunny brothers.
*"Sì! Andiamo a giocare!", urlarono i fratelli coniglietto.*

Together Jimmy and his brothers built a perfect rail trail. The train whistled and ran fast around the track.
*Jimmy e i suoi fratelli costruirono insieme una pista perfetta. Il treno fischiava e correva veloce sui binari.*

Then they opened the presents and played with all their toys.
*Poi aprirono i regali e giocarono con tutti i giocattoli.*

From then on, Jimmy loved to share. He even said that sharing is fun!

*Da quel momento in poi, Jimmy amò la condivisione. Disse anche che condividere è divertente!*

www.ingramcontent.com/pod-product-compliance
Lightning Source LLC
Chambersburg PA
CBHW061136070526
44584CB00033B/4342